Joseph Schreyvogel

Meine Rechtfertigung gegen die Verleumdungen,

die H. Hofstätter im siebenten Hefte des Magazins der Kunst und

Litteratur wider mich vorbringt

Joseph Schreyvogel

Meine Rechtfertigung gegen die Verleumdungen,
die H. Hofstätter im siebenten Hefte des Magazins der Kunst und Litteratur wider mich vorbringt

ISBN/EAN: 9783743622548

Hergestellt in Europa, USA, Kanada, Australien, Japan

Cover: Foto ©ninafisch / pixelio.de

Weitere Bücher finden Sie auf **www.hansebooks.com**

Meine
Rechtfertigung
gegen
die Verleumbungen,

die H. Hofstätter im siebenten Hefte des Magazins der Kunst und Litteratur wider mich
vorbringt,

als ein Vorbericht

zu einem künftigen Anti-Hofstätter.

Nam quis te, juvenum confidentissime, nostras
Jussit adire domos? quidve hinc petis? inquit. At ille:
Scis, Proteu, scis ipse; neque est te fallere cuiquam.
Sed tu desine velle.—

VIRGILIUS.

Wien,

bey Joseph Camesina, und gedruckt bey Fr. Ant.
Schrämbl. 1794.

Das siebente Heft des Magazins der Kunst und Litteratur enthält einen abermahligen Angriff auf mich, einen Angriff, wie ihn kein Mann von Ehre ungeahndet darf hingehen lassen. Ich eile daher mit der Antwort, so sehr ich kann. Das Publicum wird die Nachlässigkeiten des Vortrages und der Schreibart dem Zustande zu gute halten, in dem ich mich befinde. Ich bin ein Mensch, dem man das Haus über dem Kopf angesteckt hat, und der in der Verlegenheit, sein Leben zu retten, auf alles eher, als auf den äußeren Anstand zu sehen hat, womit er erscheinet.

Der Angriff ist zunächst gegen zwey Stellen gerichtet, die aus dem Juniusstücke der Österreichischen Monathsschrift genommen sind. Die erste ist eine Anmerkung zu dem Aufsatze, der den Titel führt: Ein Wort über den Nachtheil der jetzigen Anarchie in den Meinungen. Dieser Aufsatz bezieht sich durchgehends auf den jetzigen Zustand der Deutschen Litteratur, wie jedermann von selbst sieht. Der Verfasser klagt über den Verfall der Gründlichkeit in Deutschland und über den Geist der Neuerung, der sich, nach seiner Meinung, durch alle Fächer der Wissenschaften verbreitet hat. Ich konnte dem Urtheile des Verfassers nicht überall beystimmen, und begleitete daher seine Worte mit einigen Bemerkungen, die man daselbst nachlesen kann. Eine derselben, die letzte, ist die folgende.

„Nach der Meinung der Aristarchen, (auf de-
„ren Vermittelung sich der Verf. beruft,) sind,
„so viel ich weiß, die Aussichten für die Wissen-
„schaften in Deutschland gar nicht trübe oder nie-
„derschlagend, sondern vielmehr recht hell und
„aufmunternd. Wenn der würdige Verfasser un-
„ter den neuen litterarischen Vanda-
„len (dieß ist sein Ausdruck) den unnützen
„Schwarm von Scriblern und kleinen Geistern
„versteht, der sich überall zeigt, wo die Gelehr-
„samkeit im Flore ist; so ist es wohl etwas zu
„viel, diese armen Geschöpfe als die Bestürmer
„und Eroberer des Reiches der Wissenschaften
„vorzustellen. Meinet er aber die ernsthaften Be-
„wegungen, die in dem Inneren der Deutschen
„gelehrten Welt vorgehen; und die in der That
„nichts geringeres als eine gänzliche Umstaltung
„und Regeneration der Wissenschaften erwarten
„lassen; so muß ich ihn bitten zu bedenken, daß
„hier nichts mehr zu vermeiden oder abzuwehren
„ist. Die allgemeine Umänderung der Denkart,
„von der die Rede ist, hat nicht erst angefangen,
„sondern ist bereits vollendet; und die alten Sys-
„teme, (der Verf. spricht von der Erhaltung der-
„selben,) deren Grundfesten völlig aufgehoben und
„vernichtet sind, müssen fallen, man mag nun

„außen daran schützen und wehren', so viel. man
„will. Indessen kann sich der Verfasser mit dem
„trösten, was der Urheber dieser großen und stil-
„len Begebenheit ihm und seines gleichen zuruft:
„ut bene sperent, neque instaurationem
„nostram ut quiddam infinitum et ultra.
„mortale fingant, et animo concipiant;
„quum revera sit infiniti erroris finis et ter+
„minus legitimus."

Jedermann, der die Lage der Wissenschaften
in Deutschland auch nur von ferne kennt, wird
keinen Augenblick in Zweifel seyn, was für
eine Begebenheit hier gemeinet sey. Es ist
die allgemeine Veränderung der specultati-
ven Wissenschaften, welche durch die Erscheinung der Vernunftkritik nothwendig,
und in der That unvermeidlich geworden
ist. Von dieser erstaunungswürdigen Begebenheit
nichts wissen, und gleichwohl für einen Kenner
der Philosophie und ihrer Geschichte gelten wollen, ist gerade so, als ob sich jemand für einen
großen Geographen und Länderkundigen ausge-
ben wollte, der noch gar nichts davon gehört hätte, daß vor etwa drey hundert Jahren so ein
Ding, wie Amerika, entdeckt worden ist.

Alle philosophischen Schriftsteller von einigem
Ansehen sind bey diesem außerordentlichen Vor-
falle mehr oder weniger geschäftig gewesen, und
alle diejenigen, die sich während des letzten Jahr-

zehends in den höheren Wissenschaften ausgezeichnet
haben, sind die Schüler des Verfassers der Kritik.
Die Herren Rehberg und Genz, deren politischen
Grundsätzen H. Hofstätter Gerechtigkeit wider-
fahren läßt, gehören zu der Zahl der letzteren.
Die Folgen, welche diese allgemeine Belehung
der Köpfe in allen Theilen der menschlichen Kennt-
nisse hervor bringen muß, sind in der That unab-
sehlich; und die alten Systeme, welche
durch die Erscheinung der Vernunftkritik — die
unter andern auch das Christenthum mit der Philosophie in die genaueste Eintracht zu bringen
sucht — in ihren Grundfesten erschüttert und
gleichsam vernichtet werden, sind keine anderen, als die Systeme der Pantheisten, der Ma-
terialisten, der Dualisten und Idealisten, oder,
mit anderen Worten, die Systeme des Un-
glaubens, der Schwärmerey und des
Aberglaubens.

Wir haben der kritischen Philosophie gegen-
wärtig schon mehrere besondere Ausführungen zu
verdanken, die jeden Menschenfreund, und jeden
Verehrer der Religion und bürgerlichen Ordnung
mit den freudigsten Hoffnungen für die Zukunft
erfüllen müssen. Ich nenne hier nur die Grundsätze des Staatsrechtes, die, in Ansehung ihres Resultates, die Strenge der Hob-
besischen Principien erreichen, ohne das Ver-
nunftwidrige und Empörende derselben zu haben.
Es sind Grundsätze, die, um mit einem Worte

alles zu sagen, die in ihrer Anwendung so schreck=
lichen Lehren des Rousseau und seiner Nachfolger,
von der Majestät des Volkes, von einem consti=
tuirten Menschenrechte, das man das be w a f f=
n e t e nennen könnte, und von dem daraus ent=
springenden J n s u r r e c t i o n s r e ch t e, gänzlich
über den Haufen werfen *).

---

*) Die alten Philosophen, und unter diesen vorzüglich Aristo=
teles, haben den Begriffen von Volks= und Menschenrecht,
von Freyheit und Gleichheit die eigentliche Stelle ange=
wiesen, indem sie denselben ihre regulative Gültigkeit (für
die Beurtheilung der Gesetzgeber und Staatsverwalter) zusicher=
ten. Übrigens verstanden sie es nicht, diese Begriffe, durch Bey=
gesellung einer Macht, gleichsam zu constituiren. Sie spra=
chen dem Volke Rechte zu, entzogen ihm aber alle r e ch t l i=
ch e Gewalt, welche, ihrer Meinung und der Wahrheit ge=
mäß, im Staate der Regierung allein vorbehalten ist.

Einige scharfsinnige Köpfe unter den Neueren sind von dieser
Vorstellungsart abgewichen, welches nothwendig war, da sie ein=
mahl den richtigen Begriff des Rechtes verfehlet hatten. H o b=
b e s sahe wohl ein, daß dem Volke schlechterdings keine Befug=
niß zur Widersetzlichkeit oder zum Zwange gegen seine Regenten
zukommen könne. Weil er sich nun kein Recht ohne eine dem=
selben beygesellte Gewalt denken konnte, so schlß er, daß das
Volk in Ansehung der Regierung gar keine Rechte habe, und
daß ihm diese nicht einmahl ein Unrecht zufügen könne; (nullam
civibus posse facere injuriam. *De cive*.). R o u s s e a u lehrte
den Satz um. Das Volk, sagte er, hat vollkommene Rechte, die
es nicht abgeben, und worauf es unmöglich Verzicht thun kann.
Ein Recht, ohne die Mittel es zu behaupten, ist nichts; also
muß das Volk im Besitze der rechtlichen Gewalt seyn, welche
nöthig ist, sein Recht gegen die Eingriffe der Regierung, (die
dadurch eine bloße bevollmächtigte V e r w a l t u n g wird,) zu
vertheidigen. Hiernach wirft sich denn das Volk zum obersten
machthabenden Richter seiner eignen Regierung auf, wodurch es

Bis jetzt hat es, so viel ich weiß, noch niemand, dem sein eigner Ruhm lieb ist, gewagt,
den Urheber dieser glücklichen Umänderung

---

mit derselben in eine Art von immerwährendem Kriegsstand ver-
setzt wird. (*Du contrat social*.)

Der Grundsatz des Hobbes hat den Despotismus, und zwar
scheinbar auf dem Wege Rechtens, zur nächsten, den Widerstand
des Volkes aber (die Insurrection) zur entfernteren, aber unaus-
bleiblichen Folge; wie es nicht anders kommen kann, wenn man
sich beyderseits auf kein Recht, sondern bloß auf Gewalt stützet.
Der Satz des Rousseau hingegen hat die Geneigtheit zum Widerstande (den Hang zur Insurrection, die dadurch rechtlich wird,)
unmittelbar zur Folge, und hiernächst die Ausartung der obersten
Gewalt in Despotismus, um einem solchen Widerstande vorzubeugen.

Nun sagt Kant: Das Volk hat unstreitig Rechte, die aber
nie Zwangsrechte seyn (keine Befugniß zum Widerstande enthalten) können; denn alles Zwangsrecht ist durch den Unterwer-
fungsvertrag unwiderruflich in die Hände der Regierung
gelegt. Die Rechte des Volkes in Ansehung der obersten Gewalt
sind die einzigen vollkommenen, die keine Zwangsrechte sind.—
Hiernach ist die Tyranney und der Widerstand gegen dieselbe auf
gleiche Art unrechtmäßig, und der Widerstreit zwischen Hobbes
und Rousseaus Rechtsprincipien fällt mit diesen von selbst weg.

Diese Controvers hat ihren Grund in Sätzen, über deren allgemeine Gültigkeit gestritten wird, ein Prädicat, wor-
ein sich Hr. Hofstätter so wenig finden kann. Es sind Sätze, die
a priori durch Speculation, oder, wie er es heißt, durch Grü-
beleyen, müssen ausgemittelt werden, weil die Erfahrung,
auf die sich diese gründlichen Herren immer zur Unzeit berufen,
in solchen Dingen keine Auskunft gibt. Ich habe gesagt, daß H.
H. dem sceptischen Systeme zugethan seyn müsse, oder daß
er gar kein System habe. Nun kommt er dagegen mit einem
verwirrten Geschwätze angezogen, das kein Ende nimmt, und
worin sceptische und dogmatische Principien auf die seltsamste

der Denkart, selbst wenn er als der Gegner desselben auftrat, anders, als mit der größten Achtung und Bewunderung zu nennen. Es ist Kant;
ein Nahme, der alles ausdrückt, was der Nahme
eines Menschen, eines Bürgers und eines Gelehrten Ruhmwürdiges in sich fassen kann. Ich habe
die Gelegenheit, die mir der Verf. des Aufsatzes
gab, meine eigenen Gedanken zu sagen, nicht vor-
bey gehen lassen, ohne diesem großen Manne meine Verehrung zu bezeigen, und habe meine Anmerkung mit den Lateinischen Worten des Bacon
geschlossen, die Kant seinem großen Werke als
Motto vorgesetzt hat.

Dieß ist die erste Stelle, die H. Hofstätter be-
nützt, um mich zu dem gefährlichsten Menschen und zu einem zehnfachen Staatsver-
brecher zu machen. Wie ist das möglich? wird
man fragen. O, dem Hrn. Hofstätter ist alles
möglich! Der vortreffliche Mann ist, oder stellt
sich so unwissend, als ein Kind; er besinnet sich

Weise durch einander geworfen sind. Es ist immer gut, wie
Swift meint, wenn man ein wenig von dem versteht, worüber
man schreibt, und auch nicht übel, setze ich hinzu, wenn der,
welcher etwas Witziges sagen will, ein klein wenig von der Ga-
be hat, die man Witz nennt. Denn H. H. läst sich von seinem
schadenfrohen Dämon so weit verführen, daß er sogar—witzig
seyn will. Es geht mir mit ihm ungefähr wie dem ehrlichen
Malebranche mit seinem Arist: Il me raille d'une maniere *si
delicate* et *si honnête*, que je sens bien qu'il *veut* se diver-
tir.— —Mais, souffrez que je vous le dise, vous parlez de
ce que vous n'entendez pas... *Non decet, non datum est,
non potestis.*

erſt, und findet dann nicht, daß ſich zu unſerer
Zeit in dem Gebiethe der Litteratur etwas zugetragen hätte, das der Rede werth wäre. Nun hat
er gewonnen Spiel. Er nimmt meine Worte noch
einmahl vor, ſetzt, ohne weitere Umſtände, für die
Litteratur und die Wiſſenſchaften, die
politiſchen Verhältniſſe; für die Syſteme der Schulen, die Syſteme des
Staats und der Kirche; für den be-
rühmten Autor, den ich am Ende citire,
den Dictator Robespierre, und ſo — und
ſo bin ich denn, ehe ich zu mir ſelber komme,
das Orakel der Franzöſiſchen Propaganda, und habe, in der angeführten Stelle, meinem Vaterlande den nahen Ausbruch der
blutigen Revolution, woran ich ſelbſt ſo eifrig
arbeite, mit der unverſchämteſten Treuherzigkeit
angekündigt!

Die zweyte Stelle iſt aus einem Aufſatze
genommen, den ich die Republik der Phi-
loſophen überſchrieben habe. Ich ſpotte darin
über das wunderliche Hirngeſpinſt, das H. Hofſtätter eine Conjuration der Philoſo-
phen betitelt, und das ich in dieſer Abſicht mit
einer Rede des berüchtigten Anacharſis Cloots
vergleiche. Ich behaupte, daß keine ſolche Conjuration exiſtirt, und daß die Revolution in Frankreich, die H. Hofſtätter zu der Wirkung dieſer
abenteuerlichen Verſchwörung macht, das Werk
einer Rotte von liſtigen Betriegern und ge-

waltsamen Bösewichtern ist, deren Rädels-
führer, wie z. E. Robespierre, mit der Philosophie und den Schriftstellern gar nichts gemein haben wollen. Ich sage, daß die Maximen, die H.
Hofstätter seinen philosophischen Conspiranten an-
dichtet, schwerlich jemahls so schreckliche Folgen
haben können, als er glaubt, weil sie in der That
noch weit mehr unpolitisch und albern, als ge-
fährlich sind; und daß die Häupter der Französi-
schen Revolution, wie die Erfahrung zeiget, nach
ganz andern, nach consequentern, und eben darum gefährlicheren Grundsätzen zu Werke gehen.
Ich stimme übrigens, was das Ganze dieser Revolution betrifft, völlig dem eben so richtigen als
strengen Urtheile des Mallet du Pan bey,
dessen vortreffliches Werk in allen Händen ist,
und dessen Talenten und Einsichten ich, an eben
dem Orte, die vollkommenste Gerechtigkeit wider-
fahren lasse. In einem einzigen Puncte gehe ich,
mit Wielanden, von ihm ab, und berufe
mich deswegen auf den Ausspruch des letzteren,
weil er meine eigenen Gedanken vollkommen ausdrückt. Dieser Punct betrifft die Gefahren einer
allgemeinen Staatenumwälzung, die ich aus
eben den Gründen, wie Wieland, weder für so
allgemein, noch, und dieß insbesondere in Ansehung Deutschlands, für so nahe halten kann, als
Mallet du Pan *).

---

*) Dasselbe behauptet Wieland (im Junius) auch gegen Pel-
tier, einen Schriftsteller, der Mallets Absichten und Eifer an-
genommen zu haben scheint, ohne etwas von dem Geiste und
den Einsichten desselben zu besitzen.

Ich sage ferner, was alle Welt weiß, daß die Grundsätze von schreyender Gottlosigkeit, zu denen sich A. Cloots bekennt, niemahls die Grundsätze des Robespierre und seiner Anhänger gewesen sind; daß Robespierre, seines eigenen Interesse wegen, zwar die alte Religion, die seinen herrschsüchtigen Planen im Wege stand, aber niemahls alle Religion, deren überall keine Regierung entbehren kann, aufzuheben die Absicht hatte; daß er, um die erstere zu stürzen, zwar sogar den Beystand eines Cloots nicht verschmähet, daß er sich aber, so bald dieser Zweck erreicht war, eben so entscheidend gegen die Propheten des Atheismus, als vorher gegen die Vertheidiger des Christenthums, erkläret hat. Ich sage, daß dieser entsetzliche Mensch deswegen um nichts besser, daß er vielmehr nur noch verabscheuungswürdiger ist, weil er sich nicht scheuet, das Allerheiligste selbst, unter der Maske der Heucheley, zu seinen selbstsüchtigen Absichten zu mißbrauchen. Ich nenne den Gesetzgeber Cloots, der Gott öffentlich läugnet und in den Bann thut, einen Verrückten, und den blutigen Tyrannen Robespierre, der ihn öffentlich bekennt, und der Menschlichkeit eine Standrede hält, ein Scheusal, welches das Maß meiner Einbildungskraft übersteigt.

Und das nun ist die zweyte Instanz, deren sich H. Hofstätter gegen mich bedient. Ich soll Robespierren erhoben, ich soll ihn für meinen Mei-

ster erkannt haben; ich soll sein System gutheis-
sen, und alles thun, was an mir liegt, um es
auch unter uns einzuführen. — Ich? Ich erschre-
cke vor mir selbst. Ich, der Vertheidiger und Anhänger Robespierre's!

Hier ist die unglückliche Stelle selbst. H. Hofstätter nimmt daraus, was in seinen Kram taugt,
unterdrückt jeden erläuternden Umstand, liest jedes Wort — von dem ich noch dazu, um ja allem möglichen Mißverstande vorzubeugen, ausdrücklich erkläre, meine Herren, geben Sie Acht,
es ist ironisch gesagt! — der gemeinsten Red-
lichkeit, der gesunden Vernunft und allen seinen
Sinnen zum Trotz, für vollen Ernst, und dreht
und verdrehet so lange, bis er den Strick beysam-
men hat, an dem er mich gern möchte aufknü-
pfen sehen.

„Wenn — sind meine Worte — wenn in die-
„sem Gemische von abgeschmacktem und frevel-
„haftem Unsinn, (in Clootsens Rede,) wie der
„mehr erwähnte Schriftsteller uns versichert, das
„System der neuen Weltumkehrer enthalten ist;
„so, däucht mich, können wir vor ihren Unter-
„nehmungen noch ziemlich ruhig seyn. Die Welt
„kann wohl von Betriegern und Böse-
„wichtern umgekehrt werden, aber von blo-
„ßen Narren und Tollhäuslern nicht. Robes-
„pierre, der damahls noch einen letzten
„Sturm auf die alte Kirchenverfassung nöthig

„fand, ließ es geschehen, daß man die Rede des
„A. Cloots mit einer Art von Beyfallsbezeigung
„auszeichnete. Wie wenig er übrigens mit sol-
„chen Grundsätzen, und mit den Personen, die
„sich dazu bekennen, einverstanden sey, haben
„gleich seine nächsten Handlungen*), so
„wie seine ganze Verfahrungsweise überhaupt,
„zur Genüge bewiesen. Er so wohl als die weni-
„gen, die nächst ihm an der Spitze der Französi-
„schen Revolutionisten stehen, wissen sehr gut, daß
„die Franzosen, und sie selbst, unmöglich al-
„ler Religion entbehren können. Hat er nicht
„den Glauben an Vorsehung schon gegen Guadet
„vertheidigt, und noch vor kurzem dem Ewigen
„öffentliche Feste angeordnet? Mit welcher
„Salbung hat der gottesfürchtige Mann am
„siebenten März gesprochen**)! Condorcet hat ihn
„mit einem Zuge gezeichnet: er nennt ihn den

---

*) Die Hinrichtung des Cloots, Hebert, Chaumette u. s. w.,
nebst seinen wiederhohlten Reden gegen den Atheismus. Die ge-
druckten Protocolle der Jacobiner beweisen, daß Robespierre alle-
zeit, selbst mitten in dem Laufe der ungeheuersten Verbrechen
und alle der Gräuelthaten, die er veranlaßte oder gern geschehen
ließ, die Würde der Tugend auf den Lippen hatte, und
die reine Gottesverehrung vertheidigte.

**) Dieß ist Ironie, wie jedes Kind aus dem Zusammenhange
sieht. Auch braucht kein guter Schriftsteller den ekeln Ausdruck,
mit Salbung reden, anders als in ironischer Bedeutung.
Aber zum Überflusse folgt sogar in der Monathsschrift, gleich
nach dem gegenwärtigen Aufsatze, eine Definition der Ironie,
und die Bitte, dergleichen Ausdrücke doch ja nicht, wie es
schon einmahl geschah, für etwas anders, als für den bittersten Spott zu nehmen.

„Priester*). Wer uns sagt, er glaube kei-
„nen Gott, ist nur ein Thor; der rechte Got-
„tesldugner behält seinen Glauben für sich,
„und wird ein entsetzlicher Mensch.”

Nun frage ich einen jeden, ob in diesen Zeilen das geringste enthalten ist, das mit irgend
einem Grunde von Wahrscheinlichkeit zu den gif-
tigen Beschuldigungen Anlaß geben könnte, die
H. Hofstätter ihretwegen gegen mich vorbringt?
Ob ich einen Menschen, den ich durchaus als den
gefährlichsten Bösewicht vorstelle, erhebe und
als ein Muster anpreise, bloß darum, weil ich
ihm ein gewisses Maß von Verschlagenheit und
Überlegung nicht abspreche, und weil ich Anstand
nehme, ihn den ganz verächtlichen Schelmen und
abgeschmackten Thoren beyzuzählen, zu denen der
Bedlamsbürger Cloots gehört? Ja? Nun, so ist
auch Sallust der Verehrer und Mitschuldige
des Catilina, und Tacitus der Lobredner
Tibers; und Clarendon, der den Mörder
seines Königs und den Unterdrücker seiner Partey, Cromwell, den braven Bösewicht nennt,
ist der aufrichtigste Anhänger desselben! Ich frage, ob der Ausdruck gottesfürchtig von

*) Condorcet war bekanntlich einer der entschiedensten Gegner
des Robespierre, der ihn, zugleich mit der Partey der Girondis-
ten, stürzte. Der Biograph des Voltaire glaubte das schwar-
ze Gemählde, das er von seinem Todfeinde entwirft, mit keinem
härteren Zuge schließen zu können, als wenn er ihn, in dem
Sinne, wie Voltaire und unser Jahrhundert mit ihm, von bösen
und heuchlerischen Priestern spricht, den Priester nennte.

einem Menschen gebraucht, den ich einige Zeilen
zuvor einen Betrieger und Bösewicht, und die
nächste Zeile darauf einen Heuchler und entsetzlichen Menschen nenne, etwas anderes be-
deuten kann als gottlos; und ob denn der
Gebrauch der Ironie eine gar so unbekannte Sache ist, daß man in Gefahr geräth, für einen Verehrer der Schelme und für den Lobredner des
Diebstahles zu gelten, wenn man sich etwa einmahl von der Laune verführen läßt, den Car-
touche einen ehrlichen Mann zu nennen?
Burke, den H. Hofstätter überall anführt, bedient sich in seinen Parlamentsreden von den Fran-
zösischen Demagogen sehr häufig solcher ironi-
schen Benennungen, und Er selbst—denn ich sehe
mich genöthigt, am Ende sogar zu dieser Au-
torität meine Zuflucht zu nehmen—H. Hofstätter selbst hat von demselben Robespierre, um dieselbe Zeit, dieselbe Art von Ausdruck gebraucht.
Er selbst?—Ja; er selbst, zu derselben Zeit, in
demselben Monath sogar! Ich schlage nach, und
lese im Junius des Magazins. Da steht, S.
294. mit dürren Worten:,,So will es der Men-
,,schenfreund Robespierre und die Deutschen
,,u. s. w.'' Wie nun? Robespierre der Menschenfreund, und Robespierre der Gottesfürchtige! Das eine ist so schlimm, als das
andere. Wenn H. H. den unmenschlichsten Tyrannen einen Menschenfreund nennen darf, so muß
ich hingegen den gottlosesten Heuchler einen Gottesfürchtigen nennen dürfen.

Wie kann man von einer so klaren Sache so viele
Worte machen? höre ich die Leser fragen. Ja wohl!
ich frage es auch. Was ihnen zu viel wird, zu lesen,
wird mir noch eher zu viel, zu schreiben. Aber was
ihnen und mir zu viel ist, das ist dem Hrn. H. noch
lange nicht genug. Bey ihm ist nichts klar, bey
ihm darf man nichts voraus setzen. Wer nicht
gerade so steif, so aufgedunsen und so breit thut,
als er es verlangt, der heißt ihm ein Belletrist,
ein wahnwitzelnder Aufklärer, mit dem er sich —
der ernsthafte Mann! — nicht einlassen mag. Jedes leichte Wort über eine leicht entschiedene Sache ist ihm ein Gräuel, und jeder Einfall, jede
Bewegung des Witzes, jede lebhaftere Wendung
gilt ihm für einen Beweis, daß man einen schlim-
men Handel nicht mit Gründen, sondern mit
Anti-Klotzischen oder Anti-Götzischen Flos-
keln vertheidigen will. Der ernsthafte Mann! —
Haben Sie Geduld, mein Herr! Ich bin noch
in den Jahren; ich will mein Möglichstes thun.
Vielleicht bessere ich mich noch; vielleicht — wenn
ich mich noch eine Zeit lang mit Ihnen abgebe —
vielleicht gelingt es mir noch, eben so gründlich,
eben so weitschweifig, und, so Gott will, eben
so langweilig zu schreiben, als H. Hofstätter
schreibt.

Doch, mein Herr! was Sie auch aus mir
machen mögen, Eines werden Sie zuverlässig nie
aus mir machen. In Einem Stücke werden Sie
mir immer unendlich überlegen seyn; und wenn

B

Ihnen dieses Eine das Übergewicht verschaffen
kann, so gebe ich mich für verloren. Ich werde
nie so kindisch und dabey so boshaft, nie so fröm=
melnd, nie so hochmüthig und wegwerfend, und
dabey selbst so unwürdig schreiben können.—

Denn dieses alles haben Sie in dem wüthen=
den Angriffe vereinigt, wogegen ich mich hier
wider meinen Willen vertheidige. Kommen Sie,
hochwürdiger Mann! und sehen Sie, was für
ein Stück Arbeit Sie gemacht haben. Sehen
Sie, wie unbesonnen, wie grausam, wie un=
verantwortlich Sie sich betragen haben; was
Sie gethan haben, um einen jungen Menschen
— denn so beliebt es Ihnen selbst, mich über=
all vorzustellen — um einen Menschen ohne An=
sprüche, ohne Nahmen, ohne Verbindungen un=
widerbringlich zu verderben, und seine Ehre,
seine bürgerliche Existenz vielleicht mit Einem
Streiche auf immer zu vernichten. Sie haben aus
der Österr. Monathsschrift ein Muster geben
wollen, wie man aufklärt*); das heißt nach
ihren Begriffen, wie man das Volk verführt,
und den Samen des Aufruhrs ausstreuet. Ich
will nun aus dem Magazin ein Muster mit=
theilen, wie man nicht aufklärt, aber wie

*) So klärt man auf. Ein Muster, aus dem sechs=
ten Hefte der Österr. Monathsschrift 1794.—Dieß
ist die Aufschrift, die H. H. über seinen musterhaften Angriff
gesetzt hat. Wer die Terminologie dieses Schriftstellers kennt,
wird gestehen, daß gleich der Titel eine Injuris enthält.

man, mit geringer Kunst und großer Unverschämt-
heit, den unbescholtensten Schriftsteller zum Aufklärer und zum Anführer des Aufruhrs macht.
Ich werde wieder viel abschreiben, und der Leser
wird wieder viel hören müssen. Was ist zu thun?
H. Hofstätter gibt den Ton an; ich muß mich
nach seiner Elle strecken, und ich werde es, selbst
auf die Gefahr, die Geduld meiner Leser zu er-
müden.

„Ich war Anfangs der Meinung, sagt H.
„Hofstätter, unser Held (das ist meine Wenig-
„keit, wie man sieht), sey einer von denjenigen
„Rittern, die durchaus, es koste was es wolle,
„einen Gegner haben müssen, um dem unüber-
„windlichen Drange ihrer Kampflust Genüge zu
„thun. Allein ich habe mich aus dem letzten
„Hefte der Österr. Monathsschrift eines bessern
„belehrt. Zwey Stellen bringen mich auf die
„Vermuthung, daß der Streit nicht blindlings
„erhoben, daß er absichtlich sey" *).

Sehr seltsam, in der That! und noch mehr
unbescheiden als seltsam. Wer ist dieser H. Hofstätter? Was stellet er vor? Was für ein Privi-
legium oder was für ein Creditiv hat er aufzu-
weisen? Ist seine Sache so gewiß, und muß man
nothwendig ein unbesonnener Thor oder ein Bösewicht seyn, wenn man einen schlechten und auf-

---

*) Magazin. Siebentes Heft. S. 130. bis zu Ende.

geblasenen Schriftsteller der Zuchtruthe der Kritik unterwirft *)? Was hat H. H. vor jedem anderen Verfasser voraus?—Sein Magazin ist eine
öffentliche Schrift, die mit keiner anderen Auto-
rität, unter keinem anderen Schutze erscheinet,
noch erscheinen kann, als unter dem Schutze,
den ihr der eigene Werth ihres Inhaltes und die
Talente ihres Verfassers verschaffen können. Ich
habe das Recht, meine Meinung davon zu sagen, und zwar titulo oneroso, wie einer unserer Alten glaubt; denn ich habe den Verdruß
gehabt, sie zu lesen. Eine andere Ursache braucht

---

*) Hrn. Hofstätters Sache und die gute Sache sind,
hoffe ich, noch keine synonymen Ausdrücke. Wenn es auch wirklich die gute Sache, die Aufrechthaltung der öffentlichen Ordnung und der bestehenden Verfassung wäre, deren Vertheidigung er führt; so ist doch die Art, wie er sie führt, unendlich mehr schädlich, als sie jemahls nützlich seyn kann. Weder die Gründe, worauf er sich stützt, noch der blinde, zerstö-
rende Eifer, mit dem er zu Werke geht, können entschuldigt werden. Ein besserer Politiker als H. H., David Hume, hat
hierauf geantwortet: There is not a more effectual method
of betraying a cause, than to lay the stress of the argu-
ment on a wrong place, and by disputing an untenable post,
enure the adversaries to success and victory. Und an einem andern Orte: Moderation is of advantage to every establishment;
nothing but zeal can overturn a settled power, and an
over-active zeal in friends is apt to beget a like spirit in
antagonists.—Aber, wie Bolingbrocke bey einer ähnlichen
Gelegenheit bemerkt, there was a design perhaps, as well as
habit, in such a manner of writing upon this occasion,
since a *bad cause* must be defended by such means, and
therefore by such pens as would disgrace and weaken a
good one; for it may possibly appear, upon a fair exami-
nation, that the cause he is retained in, is *none* of the best.

es nicht, und alle weit gesuchten Auslegungen
können nicht zu Recht bestehen.

Es ist nicht wahr, daß er Anfangs anders
von mir gedacht hat. Wenigstens hat er sich gleich
Anfangs nicht anders gegen mich betragen. Die
erste Zeile, die ich gegen ihn schrieb, hat er mit
einem halben Buche erwiedert, mit einem halben
Buche, voll der schändendsten Anspielungen und
Ausfälle. Vom Anfange an war ich ihm der Jacobiner, der Mordbrenner, der Volksaufwiegler, der
ich ihm jetzt bin. Er hielt meine ersten Angriffe
für Unbesonnenheit; ist das die Art, wie man
eine Unbesonnenheit vergilt?—Dieß ist zugleich
die Antwort auf die abgeschmackte Versicherung
des Hrn. Hofstätter, daß nicht er mein Gegner, daß nur ich der seinige gewesen sey. Er
dünkt sich zu vornehm dazu. Er? Was war er
mir denn sonst, wenn er mir nicht der Gegner war?

Auf diese sinnreiche Einleitung läßt nun H. H.
die erste Stelle folgen, wie ich sie oben angeführt habe. Wie ich sie angeführt habe? Ja doch,
so einfältig ist der Mann nicht! Er nimmt nur
so viel davon, als er zur Noth brauchen kann;
das Übrige läßt er klüglich weg. Wie hätte er
auch den Anfang, und vollends das Ende zu seiner Absicht verdrehen sollen? Der Urheber der
stillen und großen Begebenheit, der seinem Au-
ditorium den Lateinischen Trostspruch zuruft, kann
doch unmöglich der Dictator Robespierre seyn.
Natürlich! Wir lassen uns lieber nicht darauf

ein, und unterdrücken ein Paar Zeilen; nicht wahr,
mein Herr? So gelingt es. H. H. fängt mit den
Worten an: "Meinet er aber die ernsthaften
Bewegungen"—und hört mit den Worten auf:
"Die alten Systeme müssen fallen, man mag
nun von außen daran schützen und wehren, so viel
man will*)." Aber wenn das keine boshafte Ver-
heimlichung ist, so gibt es keine mehr.

"Nun, ruft H. H. aus, so dreist hat noch
"kein Orakel gesprochen! Selbst die weltbe-
"rühmten von Dodona und Delphi deckten ihre
"Aussprüche mit einem bescheidenen Schleyer."

Was wollen sie mit ihrem Orakel, mein
Herr? Was wollen Sie mit ihrem Delphi
und Dodona? Was wollen Sie mit ihrem
bescheidenen Schleyer? Ich habe nichts
zu verschleyern, und habe keine Orakelsprüche zu
geben. Wenn alle die Orakel, von denen Sie uns so
viel zu erzählen wissen, nicht mehr aussagen als
das gegenwärtige, so sind Sie weiter nichts als
ein Träumer, und ein lügenhafter Träumer dazu.

"Aber, fährt er fort, wir wollen es nicht mit
"der Art aufnehmen, da uns die Sache selbst
"so schönen Stoff gibt. Vor allem muß ich um
"die nöthige Erklärung bitten, was denn das

---

*) Ich bitte die Leser die ganze Stelle, wie sie oben ange-
führt ist, nachzusehen.

„eigentlich für Wissenschaften seyn (sind), de-
„ren gänzliche Umwälzung und Regenera-
„tion angekündiget wird."

Ey, H. Hofstätter! Sollten Sie gleichwohl
eine solche Erklärung nöthig haben?

„Doch wohl nicht physische, chemische und al-
„chymistische Systeme? Denn diese haben unsere
„Pythagordischen Weisen bereits kleineren Gei-
„stern überlassen, indeß sie sich mit nichts gerin-
„gerem als mit der allgemeinen Völkererlösung
„befassen wollen."

Von diesem mystischen Geschwätze verstehe ich
nichts. Ich habe mich schon hinlänglich erklärt,
daß mich die Freymaurerey überhaupt so wenig
als der Illuminatismus angeht, und daß ich ein
abgesagter Feind aller geheimen Verbindungen
und Institute bin.

„Nach der Gährung, die dermahl in der so
„genannten (Warum so genannten?) gelehr-
„ten Welt vorgeht, nach dem Lärmen, den die
„löbliche Zunft der Aufklärer erhebt, und nach
„dem Beyspiele der liebenswürdigen sancu-
„lottischen Umwälzung und Regenera-
„tion der Wissenschaften zu urtheilen, sind es
„eben dieselben Wissenschaften, deren Regenera-
„tion in Frankreich dem Staate, der Reli-
„gion, der Sittlichkeit, dem Eigenthumsrechte,

"der Ruhe Europens und Millionen Menschen
"den Tod gebracht hat."

Beym Himmel, mein Herr! Sie sind der elen-
deste und unwissendste Consequenzenmacher, der
mir jemahls vorgekommen ist. Doch, ich unter-
breche Sie. Fahren Sie fort; schütten Sie ihr
Gift vollends heraus, weil Sie eben in Athem sind.

"Dieß wäre denn wohl die allgemeine
"Umänderung der Denkart, nach den
"neuesten Arbeiten des Spartacus und Philo,
"nach den rastlosen Bemühungen des Schleswi-
"gischen Journals und anderer aufklärenden Volks-
"scribenten, nach dem Muster der preiswürdigen
"Wiederherstellerinn der Menschenrechte, der un-
"ermüdeten Guillotine: dieß die alten
"Systeme, deren Grundfesten völlig aufgeho-
"ben und vernichtet sind, die in dem Lande des
"Raubes und Mordes schon wirklich gefallen sind,
"und, wenn wir diese schöne Prophe-
"zeihung recht verstehen (!), aller Orten
"fallen müssen, man mag von außen daran
"schützen und wehren, so viel man will; denn
"die Bewegungen, wodurch die Grundfesten ver-
"nichtet wurden, sind nicht etwa von außen, son-
"dern im Innern der Deutschen ge-
"lehrten Welt geschehen."

Sind Sie fertig, mein Herr?—Und was wollen Sie nun, das ich mit Ihnen mache? Womit

wollen Sie, daß ich diese Kette von absichtlichen
Verdrehungen, von gewaltsamen Auslegungen und
schreyenden Verleumdungen bestrafe? Womit,
mein Herr? wenn Sie anders wissen, daß es
in meiner Macht steht, Sie zu bestrafen.

H. Hofstätter geräth gleich nach dieser entehrenden Stelle in den widerlich spaßhaften Ton,
der seine gröbsten Beleidigungen gewöhnlich begleitet. „Die weisesten Männer, fängt er wieder
„an, und ganze Völkerschaften haben oft die Ora-
„kelsprüche unrecht gedeutet. Da ich die Gefahr
„kenne, (so) will ich meine Deutung dem Orakel
„selbst unterwerfen; es soll gleichwohl d i e W i s-
„s e n s c h a f t e n, deren Umwälzung sich erwarten
„läßt, d i e D e n k a r t, deren allgemeine Um-
„änderung angekündigt wird, und d i e a l t e n
„S y s t e m e angeben, die nothwendig fallen
„müssen, weil die Herren Aufklärer die Grund-
„festen derselben vernichtet haben. B i s d a h i n
„werden wir uns für berechtigt halten, die Wor-
„te und die Deutung derselben den deutlichen
„Äußerungen der so genannten Aufklärer, der
„Geschichte aller Völker, und der Erfahrung
„des Tages, so gut wir können, a n z u-
„p a s s e n.”

B i s d a h i n; ja so, nur bis dahin! Ein fei-
ner Richter der Herr Hofstätter! das muß man
ihm nachsagen. Er macht es ganz wie jene Spieß-
bürger, die ihre Dellquenten erst hängen, und

ihnen dann hinter her den Prozeß machen. Was
für eine Ordnung muß in dem Kopfe und in dem
Herzen eines Mannes herrschen, der sich nicht
schämet, ein so unzusammen hängendes Gewäsch,
schwarz auf weiß, hinzusudeln? Es steigt ihm so
etwas zu Sinne, daß er sich in seiner Deutung
gleichwohl könnte geirrt haben; daß ich unter dem
Ausdrucke Wissenschaft und System gleichwohl könnte verstanden haben, was alle Welt
darunter verstehet: es steigt ihm so etwas zu
Sinne, ungefähr wie im Traume, und er möchte es auch wohl hören. Allein das hindert ihn
nicht, mich bis dahin, bis er es bey Gelegenheit einmahl gehört hat, öffentlich zu brand-
marken, und mir Dinge Schuld zu geben, die
mir nie im Schlafe eingefallen sind.

Im Ernste, mein Herr! glauben Sie denn
wirklich, daß kein Mensch den Kopf von etwas
anderem voll haben kann, als von den unverdau-
ten Grillen und Possen, womit Sie ihre Leser
von Monath zu Monath heimsuchen? Was geht
mich ihr Philo, ihr Spartacus, ihr Schleswi-
gisches Journal, was gehen mich alle ihre Illu-
minaten, so genannten Aufklärer und Pythago-
räischen Weisen an? Ich habe nicht die Ehre,
mit diesen Herren in näherer Bekanntschaft zu
stehen. Sie haben wohl nie einen Schritt in das
Innere der Deutschen gelehrten Welt
gethan, M. H., wenn Sie sich einbilden, daß
diese Leute darin anzutreffen sind. Die Männer,

die das Innere dieser Welt bewohnen, sind die
Denker und Schriftsteller vom ersten Range, die
Bearbeiter und Pfleger der Wissenschaften, die
Zierde und der Stolz der Nation; Männer, de=
ren Grundsätze und Handlungen allgemein be=
kannt, die über Hrn. Hofstätters Zumuthungen
weit erhaben und im Stande sind, die Angriffe,
welche irgend ein vir obscurus gegen sie wagen
möchte, mit Gleichgültigkeit und Verachtung an=
zusehen.

Ich kann nichts dafür, wenn H. H. von die=
sen Männern keinen kennt; jeder Unterrichtete
kennet sie. Man sollte von dem Contrôleur gé-
néral der Wissenschaften in Deutschland voraus
setzen dürfen, daß er doch wenigstens so viel weiß,
als jeder wissen muß, der einen Cursus der Phi=
losophie gemacht hat. H. H. spricht von der Phi=
losophie, als ob er mit ihr zu Bette gegangen
wäre; er entdeckt Geheimnisse, und bringt Nach=
richten ans Licht, von denen vor ihm kein Mensch
etwas gehört hat: und er weiß nicht, daß eine
Veränderung vorgefallen ist, die wichtigste und
größte, die sich seit der Wiederherstellung der Wif=
senschaften, ja seit dem Aristoteles zugetragen
hat? Er schreibt die geheime Geschichte der Phi=
losophen, und weiß nicht, womit sich die Philo=
sophen seit zehn Jahren unaufhörlich, und in der
That ausschließungsweise, beschäftigen? Er hat
nichts von Entdeckungen gehört, die in unseren
Tagen vor unseren Augen geschehen, und die ohne

Vergleichung noch auffallender und fruchtbarer
sind, als alle die großen Erfindungen, wodurch
sich die Kepler, die Galiläi, die Bacon, die des
Cartes, die Toricelli, die Huyghens, die Leib-
nitze und Newton der Unsterblichkeit versichert
haben? Der gelehrte Mann!

Sie wollen hören, M. H., was für Wissenschaften es sind, die eine neue Form zu erwarten haben, was für eine Denkart, deren allgemeine Umänderung angekündigt wird, was für
Systeme es sind, denen ihr Fall bevor stehet.
Schön, mein Sohn! ich will mich ihrer Wißbe-
gierde annehmen. Kommen Sie, und horchen Sie
auf, ob Sie mich auch verstehen. — Diese Denkart ist der Dogmatismus in Gegenständen
der bloßen Vernunft, vor der Kritik ihres Ver-
mögens; diese Wissenschaften sind die Metaphysik, die Moral, die natürliche Re-
ligionslehre, das Natur-, Staats- und
Völkerrecht, die Kritik des Geschmacks,
die Naturwissenschaft, mit einem Worte,
alle reinen und eigentlichen Wissenschaften, die
von Begriffen ausgehen; diese Systeme
sind, in der Metaphysik, die Systeme des
Spinoza, des Berkeley, des Cudworth,
des Leibnitz, des Locke, des Hume, des
älteren Mirabeau; in der Moral, die Systeme des Epikur, der Stoiker, des Mon-
taigne, des Hutcheson, des Mandevil-
le; in dem reinen Rechte, die Systeme der

Canoniſten, des Hobbes, des Rouſ-
feau, u. ſ. f. — Nun, M. H., haben Sie auf-
gemerkt? Sind Sie mit dieſer Erklärung zufrieden? Werden Sie jetzt ihre elende Deutung und
ihre ſummariſche — Execution zurück nehmen,
oder werden Sie noch ferner fortfahren, meine
Gedanken und Worte ihren gallſüchtigen Einbil-
dungen, ſo gut Sie können, anzupaſſen?

Ja wohl zurück nehmen! Kaum hat H. Hofſtätter dieſen vollgütigen Beweis ſeiner Unwiſſen-
heit abgelegt, als er ſchon wieder ganz unerſchro-
cken ans Werk gehet, und unbekümmert mit der
ſchändenden Deutung fortfährt, die er meinen
Worten gibt.

„In Anſehung des einen Theils dieſer Wiſ-
„ſenſchaften, ſagt er, dieſer Denkart und
„dieſer alten Syſteme, glaube ich den Auf-
„ſchluß in der ſchönen Lobrede auf den got-
„tesfürchtigen Robespierre gefunden zu ha-
„ben. Man lieſt ſie mit großer Erbauung in der
„Öſterr. Monathsſchrift. Junius 1794. S. 245.

Eine Lobrede auf Robespierre in der Öſterr.
Monathsſchrift! Ja, ſo eine Lobrede, wie die gegenwärtige Schrift eine Lobſchrift auf Hrn. Hofſtätter iſt. Der theure Mann benimmt ſich bey dieſer zweyten Stelle, wieder gänz ſo, wie er
ſich ſchon bey der erſten benommen hat. Er läßt
alles gewiſſenhaft hinweg, was den Aufſchluß des

Ganzen enthält, und woran sich seine Kunst im
Verdrehen nicht wagen darf. Die Ausdrücke Betrieger und Bösewichter, die sich auf niemand als auf Robespierre und seine Gesellen beziehen können, unterdrückt er ohne Bedenken.
Erst bey den Worten: „Robespierre, der damahls
„noch einen letzten Sturm auf die alte Kirchen-
„verfassung*) nöthig fand," fängt er an, und
mit den Worten „Condorcet — — nennt ihn den
„Priester" bricht er ab. Sehr klug! Denn die
nächste Stelle, die er verschweigt, und die den
Heuchler Robespierre erst für den rechten Got-
tesläugner und für einen entsetzlichen
Menschen erklärt, ist entscheidend, und paßt
schlechterdings in die Lobrede nicht, die mich
H. H. dem gottesfürchtigen Robespierre
halten läßt.

Sagen Sie an, mein Herr! gibt es kein Etwas in ihrer Brust, das sich bey dieser gewissen-
losen Subreption geregt hätte? Und wenn es etwas gibt, wie ist es möglich, daß ein Mensch,
in dem Bewußtseyn der offenbarsten Unredlichkeit,
noch die Stirne hat aufzutreten, und an seinen

*) H. H. sage in einer Note: „Ich möchte wohl die neue
„Kirchenverfassung in Frankreich kennen." Sage ich denn,
daß eine eingeführt worden? Rede ich auch nur von einer neuen
Kirche? Ich weiß gar nicht, wo H. H. mit dergleichen listig
thuenden Nebenanmerkungen hinaus will. Das Einzige, was ich
davon verstehe, ist, daß er unter den verschiedensten Dingen keinen Unterschied zu machen weiß. Hält er denn Religion,
Kirche und Kirchenverfassung für einerley?

Gegner die schreckliche Frage zu stellen: „Was
„denn derjenige sey, welcher den Umwälzer des
„Christenthums und den atheistischen Beyfalls-
„klätscher Robespierre einen gottesfürchtigen Mann
„nennt, und dessen Salbung bewundert?"

Ich nenne Robespierren gottesfürchtig? Ich
bewundere seine Salbung? Ich nenne ihn gottesfürchtig, in dem Sinne, in dem Sie ihn einen
Menschenfreund nennen: das heißt, ich nenne ihn gottlos. Ich bewundere seine Salbung, wie ich jedes Schwärmers, jedes Schein-
heiligen Salbung bewundere: das heißt, ich ver-
spotte sie. — Aber Sie sind noch nicht zu Ende.
Machen Sie fort.

„Dieser gottesfürchtige Mann, dieser
„Priester mit so vieler Salbung, nachdem
„er den letzten Sturm auf das Christenthum
„durch eine öffentliche Beyfallsbeklatschung des
„allgemeinen Atheismus glücklich vollbracht,
„und seiner Gottesfurcht, seiner priester-
„lichen Salbung Freunde, Wohlthäter und
„unzählige Bürger geschlachtet hat, ist also der
„Held, der das alte System in Frankreich
„vernichtet, der die Denkart der Franzosen
„gänzlich umgeändert, und die Wissenschaf-
„ten mit einer gänzlichen Umstaltung und Rege=
„neration beschenkt hat." —

- Da wäre es denn: Robespierre, der Reforma=

der Deutſchen Litteratur! Soll man über die=
ſes kindiſche Qui pro quo lachen, oder ſoll man
ſich darüber ärgern?

„—Zu gottesfürchtig, alle Religion für entbehr=
„lich zu halten, begnügte er ſich weislich, alle po=
„ſitive Religion, und vorzüglich Europens altes
„Syſtem, das Chriſtenthum, umgewälzt zu
„haben. Seine Salbung erlaubt es ihm nicht,
„weiter zu gehen. Er ſtellt dafür das neue Syſ=
„tem, den reinen Deismus, auf.“

Das Chriſtenthum, der reine Deismus! —
Ich kenne das Gewicht dieſer vielſagenden Aus=
drücke. H. Hofſtätter, nicht damit zufrieden den
politiſchen Fanatismus gegen mich losgelaſ=
ſen zu haben, bemüht ſich nun auch, den reli=
giöſen Fanatismus wider mich anzuhetzen. Ich
habe geſagt, daß Robespierre zu klug war, dem
Volke, das er beherrſchen will, den Zügel aller
Religion abzunehmen. Was habe ich mehr ge=
ſagt? Habe ich ſein neues Syſtem gebilligt? Habe
ich mich gegen das Chriſtenthum erklärt,
oder den reinen Deismus über daſſelbe er=
hoben?

„Der geneigte Leſer wird es mir zu guten (zu
„güte) halten, wenn ich anders denke, als
„unſer Lobredner des gottesfürchtigen Ro=
„bespierre denkt, wenn ich ſchwarz ſehe, was
„ihn ſo weiß dünkt, und wenn ich es nicht nur

„für unmöglich halte *), daß wir jemahls zusam=
„men kommen, sondern auch für n o t h w e n d i g,
„d a ß w i r j a n i e m a h l s z u f a m m e n k o m=
„m e n!"

Ich sehe, M. H., ich sehe den Pfeil, den Sie
mit diesem Seufzer gegen mich abschicken, aber
ich fühle ihn nicht. Wie fromm ist dieser Seuf=
zer! Nicht wahr, H. Hofstätter? daß wir ja nie=
mahls zusammen kommen, weder hier, noch dort,
noch auf dem Scheidewege zwischen hier und dort!
Sie sehen im Geiste das Ziel, auf das der Lob=
redner des Robespierre zusteuert. Ein schreckliches
Ziel: es ist die Festung oder das Schaffott.

Allein, M. H., mir grauet eben so wenig vor
ihren Seufzern und frommen Wünschen, als ich
mich vor den Beschuldigungen fürchte, die ihre
Bosheit wider mich ausgeheckt hat. Es gibt ein

---

*) Diese Ausdrücke beziehen sich auf eine Stelle in meiner
S c h l u ß r e d e zur Österr. Monathsschrift, die H. H. vermuth=
lich zur Nachahmung P i t t s, der bey einer gewissen Gelegen=
heit von der Rede eines Gegners den Ausdruck a funeral ser-
mon gebraucht hat, sehr witzig eine Leichenrede nennt. Die
Stelle ist folgende: „Von Anfang bis zu Ende denkt oder träumt
„er (H. H.) das Widerspiel von dem, was ich denke. Er sagt
„schwarz, ich sage weiß; was ihm Tag ist, dünkt mich Nacht.
„Es ist unmöglich, daß wir jemahls zusammen kommen; und
„so wenig es ihm gelingen wird, mir seine Meinung aufzuschwat=
„zen, so wenig Hoffnung habe ich, ihn von der Richtigkeit der
„meinigen zu überzeugen." H. H. fragt, ob ich denn nicht auch
zuweilen t r ä u m e? Ja doch. Der Unterschied ist nur, daß ich
meine Träume nicht d r u c k e n lasse.

C

Etwas, das mich sicher stellt, das heiligste in der Welt, und auch mir das Heiligste; vor dem sich mein Knie und mein Wille beugen, selbst wenn mein Verstand versucht ist, ihm zu widerstreben, und dessen Rache ich feyerlich über mich aufrufe, wenn ich jemahls im Stande bin, ihm zuwider zu handeln *): dieses Etwas nennt man Gesetze.

---

*) „Jeder Unterthan, sage ich in der angeführten Schlußrede, „der thöricht oder nichtswürdig genug ist, eine unbillige Verän„derung zu verlangen, oder auch die billigste aller Verbesserungen „auf eine ungesetzliche Weise durchsetzen zu wollen; jeder, der „sich auch nur von ferne eines Ungehorsams oder einer Wider„setzlichkeit, es sey in Worten oder in der That, schuldig „macht; jeder geheime oder offene Verräther, Aufwiegler und „Ruhestörer muß die ganze Strenge der Gesetze empfinden. Die „Milde, die sich bis über die Verbrechen erstrecket, ist eine wah„re Grausamkeit gegen den Staat; und das unbedingte Zutrauen, „das sich sogar die öffentliche Wachsamkeit ersparen will, ist „selbst keiner Achtung und keines Vertrauens werth.” Wenn ich Zutrauen und Schonung empfehle, so geschieht es in dem Verstande, in dem sie jeder kluge Mann den Regierungen empfehlen muß. Es ist die goldene Lehre, die Machiavell seinem Prinzen gibt: Nondimeno deve esser grave al credere ed al muoversi, nè si deve far paura da se stesso, e procedere in modo temperato con prudenza ed umanità, che *la troppa confidenza non lo faccia incauto, e la troppa diffidenza non lo renda intolerabile.*—Warum, wenn ich fragen darf, hat H. H. diese und alle ähnlichen Stellen nicht gesehen, oder nicht sehen wollen? Warum unterstehet er sich, einen Schriftsteller, der überall die größte Achtung für die Gesetze, für die bestehende Verfassung, für Religion und Sittlichkeit, und den lebhaftesten Abscheu vor allen geheimen Intriguen und Machinationen, und vor allen unvernünftigen und gewaltsamen Veränderungen gezeiget hat, vor den Augen des richtenden Publicums der Neuerungssucht und Volksverführung zu bezichtigen?—Ich kann, wenn es nöthig ist, öffentliche, gedruckte Beweise aufstellen, daß ich vom Anfange der Revolution her, und zu einer Zeit, da selbst

Lernen Sie, M. H., der Sie sich eine so unred-
liche Mühe geben, die Strenge der Gesetze auf
ihre Gegner fallen zu machen, daß auch Sie unter den Gesetzen stehen; daß es keinem erlaubt ist,
sich willkürlich darüber hinweg zu setzen, und daß
es keinem gelingen darf, sie zu selbstsüchtigen Absichten zu mißbrauchen. Lernen Sie, daß man im
Staate niemand, den Geringsten so wenig als
den Vornehmsten, ungestraft beleidigt; daß es gegen diejenigen, die in sich selbst nichts finden, um ihre niedrigen Leidenschaften und ihre wilde Rachsucht
zu zähmen, noch äußere Mittel gibt, womit
man sie zu ihrer Schuldigkeit zwinget, und
daß es einem jeden, der den Schutz der Gesetze
genießt, frey stehet, zu diesen Mitteln seine Zuflucht zu nehmen.

Hier könnte ich nun schließen; denn ich habe
mich gegen die ehrenrührigen Beschuldigungen ge-
rechtfertigt, womit H. Hofstätter meinen Nahmen
befleckt hat. Alles, was er in seinem Angriffe sonst
noch wider mich vorbringt, ist entweder nichts als
die Wiederhohlung allgemeiner Beschimpfungen,
die ich verachte, oder das nichtigste Geschwätz,
worauf sich die Antwort aus dem vorigen von
selbst gibt. Es ist durchgehends ein mühseliger Ver-
such, mich zugleich als den unbedeutend-

<hr />

Hrn H.'s Patriotismus noch in dem tiefsten Stillschweigen ver-
graben lag, nicht weniger strenge Grundsätze geäußert, und in
der Hauptsache von dem Unwesen in Frankreich eben so geurtheilt
und geschrieben habe, wie ich jetzt schreibe.

ften und als den gefährlichsten Menschen
vorzustellen. Ich kann diesen Widerspruch unbe-
sorgt auf sich selbst beruhen lassen. Gegen das letz-
tere habe ich mich vertheidigt, und wegen des erste-
ren habe ich keine Lust mich mit jemand zu zanken.

Nur zwey Puncte muß ich noch berühren: H.
Hofstätter setzt gar ein Großes darauf. Der erste: daß H. H. selbst über persönliche Angriffe und Beleidigungen klagt; der zweyte: daß
er mir mit einer ausführlichen Widerlegung
droht, wozu er auch schon den Anfang gemacht
haben will.

Grachi de seditione querentes! H. Hofstätter, und eine Klage über Persönlichkeiten!
Er, dem es unmöglich ist einen Schriftsteller an-
zugreifen, ohne zugleich die Person, den Menschen in ihm auf die unverzeihlichste Art zu belei-
digen; er, der eben selbst im Begriffe ist, das
infamirendste Libell wider einen Gegner drucken
zu lassen: er getrauet sich, über solche Dinge Klage
zu führen? O, mein Herr! Sie hätten klüger gethan, das tiefste Stillschweigen über diese Sache
zu beobachten, und ihre Leser, wo möglich, glauben zu machen, daß einem Schriftsteller alles erlaubt ist.

Und ich, ich hätte etwas geschrieben, das zu
einer solchen Klage Anlaß geben könnte? Ich hätte
irgendwo die Grenzen überschritten, die einem

Verfaſſer, einem öffentlichen Gegner durch die
Natur der Sache geſetzt ſind? Gewiß, mein
Herr, Sie irren ſich. Ich bin deſſen unfähig; meine Denkungsart bürgt mir dafür. Ich fordre Sie
auf, mich aus alle dem, was ich geſchrieben habe, des Gegentheils zu überweiſen. Laſſen Sie
einmahl ſehen; was haben Sie aufgejagt? Sie
ſollen das Vergnügen haben, mich zu beſchämen,
und meinen Dank oben ein.

Aber der Himmel weiß, was ſich H. Hofſtätter unter Perſönlichkeiten und Pasquillen denket.
Er hat von allem ſeine eigenen Begriffe; er muß
ſie wohl auch hiervon haben. Was ihn angeht,
wodurch er ſich getroffen fühlt, ſollte es auch noch
ſo rechtmäßig, auch noch ſo geſetzlich ſeyn, iſt ein
unerlaubter Angriff und ein ſchändliches Pasquill.
Was hingegen er von andern vorbringt, das
iſt alles gut und ſchön. Wenn ich von einer der Behauptungen, die er in ſeine Schriften einſtreuet,
ſage: M. H. ſie iſt falſch; oder von einem Satze,
er iſt unrichtig; oder von einem Vorſchlage, er iſt
thöricht und abſcheulich: ſo habe ich ein Pasquill
geſchrieben, und das ungeheuerſte Verbrechen begangen. Wenn aber er Dinge von mir erzählt,
wovon in meinen Aufſätzen keine Sylbe vorkommt,
wovon niemand etwas zu wiſſen verlangt, wovon
er ſelbſt unmöglich etwas wiſſen kann, weil ich ſelber
nichts davon weiß; wenn er zu verſtehen gibt, daß
ich zu einem Jacobinerclub gehöre, daß ich im
Solde der Propaganda ſtehe, daß ich in geheim

auf Landesverrath und Aufruhr losarbeite, daß
ich es darauf angelegt habe meine Vaterstadt in
Brand zu stecken, und meine Regierung, meinen
Glauben und meine Mitbürger an den gottesfürchtigen Robespierre ich weiß nicht zu verkaufen,
oder was sonst damit zu thun; wenn er mich einen
unbärtigen Aufklärer, einen Volksverführer, einen
Sansculotte, einen Parteygänger Robespierre's.,
einen Aufwiegler und Hochverräther schimpft: so
hat er gethan, was einem ernsthaften Manne
und einem rechtschaffenen Schriftsteller geziemt.

Alles, was man gegen einen Autor, mit dem
Buche in der Hand, behaupten kann, das muß
erlaubt seyn von ihm zu sagen, so hart und so
strenge, so bitter und so schneidend, als man es
für nöthig hält; was man mit dem Buche nicht
vertheidigen kann, ist unerlaubt. Ich habe mich
bey Hrn. Hofstätter und seinen Mitarbeitern so
genau an diese Regel gehalten, daß ich nicht einmahl auf dasjenige Rücksicht nehme, was einige
derselben in früherer Zeit geschrieben haben *). Das
einzige, wovon ich jemahls Gebrauch gemacht habe, ohne es unmittelbar aus seiner Schrift zu
schöpfen, ist sein Nahme. Ich nenne ihn. Wenn
dieser Nahme ein Pasquill ist, so habe ich es ge-

*) Ich habe den Hrn. Haschka im Januarstück nicht geschont;
das ist wahr. Allein ich bin dabey im geringsten nicht über das
hinaus gegangen, was er im December d. M. zur Vertheidigung
der Parallelen sagt. Wie leicht wäre es gewesen, ihm mit
gewissen anderen Parallelen zu antworten!

macht: Aber warum thut er denn selbst so trotzig, und brüstet sich, daß er seinen Nahmen vor niemand geheim halten wolle? Was er selbst nicht geheim halten will, muß ja doch erlaubt seyn, zu offenbaren.

Der Umstand, daß er ehemals Jesuit war, kommt in dem Magazine mehr als ein Mahl vor. H. Hofstätter selbst läßt sich die wunderlichsten Complimente darüber vorsagen. Was für eine Beschimpfung ist es denn, wenn man von jemand erzählt, daß er zu diesem Orden gehört? In der That, dieser sanftmüthige Herr hat ein sehr seltsames Maß der Wiedervergeltung. Wenn man von ihm sagt, daß er ein Jesuit ist, so gibt er es zurück, und sagt, daß man auf Hochverrath umgehe. Ist das eine und das andere etwa gleich viel? Das mag er selbst entscheiden. Was ich weiß, ist dieß: das Erste kann höchstens die Folge haben, daß man einem Schriftsteller, von dem es gesagt wird, in manchen Stücken weniger trauet, als ihm lieb ist; das Zweyte hingegen muß die Folge haben, daß der Schriftsteller, dem man es Schuld gibt, geraden Weges nach dem Gefängnisse oder an den Galgen wandert. Und hierin, denke ich, ist doch einiger Unterschied.

Die siebzehn Sätze sogar, die Hrn. Hofstätter in eine so ungezähmte Wuth gebracht haben, und um deren Willen er sich alles gegen mich er-

lauben zu dürfen glaubt, was enthalten sie, das
im geringsten mit dem zu vergleichen wäre, dessen er mich allenthalben beschuldigt? Sie entde-
cken ein System von unüberlegten, falschen, thö-
richten Behauptungen, Lehrsätzen und Vorschlä-
gen, wie man sie in hundert andern Büchern auch
findet, ohne daß ihre Verfasser darum etwas anderes befahren hätten, als daß man sie—ausge-
zischt hat. Ich rücke dem Hrn. Hofstätter einen Fehl-
schluß, ein Sophisma, eine Thorheit vor: er be-
zahlet mich jedes Mahl mit einem Verbrechen,
das ich begangen haben soll; mit zwanzig für Eines, wovon das geringste, nach allen Rechten,
die Landesverweisung verdient.

Gegen diese siebzehn Sätze soll nun auch die
Widerlegung gerichtet seyn, die H. H. im
Schilde führt. Ich wünsche ihm viel Glück. Aber
was ist es denn eigentlich, das er widerlegt: die
siebzehn Sätze, mich, oder sich? H. H. macht
viel Staat mit seiner Gründlichkeit, und schimpft
und schreyt, daß meine Sätze nicht länger und
nicht gründlicher ausgefallen sind. Wie gründlich sollten sie denn seyn? Sie sind es gerade so viel,
als es bloße Sätze seyn können, die man
aufstellt, und zu deren Erhärtung man sich an-
heischig macht. Hat man jemahls einen Opponen-
ten klagen oder über die Seichtigkeit seines Gegners lärmen hören, weil die Theses, die der De-
fendent anschlagen läßt, nicht zugleich die ganze
Beweisführung enthalten?

Das Verfahren des Hrn. H. zeiget deutlich, daß er es gar nicht versteht, eine Controvers einzuleiten, oder daß er es nicht verstehen will; und die Probe, die er einstweilen geliefert hat, ist durchaus so schlecht und unschmackhaft gerathen, daß ich wenig Lust habe, mich weiter mit ihm einzulassen. Was will H. H. mit diesen siebzehn Sätzen? Was will er mit den Citaten, mit denen er nach Belieben umspringt? Sage ich etwa, daß diese Citaten die Stelle des Beweises vertreten sollen? Ich? Das thäte mir leid. Sie kennen mich schlecht, mein Herr, und bilden sich ein, daß auch ich Sie nicht besser kenne. Nicht doch! So leichtes Spiel denke ich Ihnen nicht zu machen. H. H. führt von den citirten Stellen an, so viel ihm beliebt; er legt es aus, wie es ihm beliebt, und macht aus mir, was ihm beliebt. Das kommt mir nicht unerwartet; ich war darauf gegefaßt. Ich citire für den Leser, nicht für ihn; für den Leser, von dem ich voraus setze, daß er, um sich von Hrn. Hofstätters System zu unterrichten, das ganze Magazin, von Anfang bis zu Ende, mit Aufmerksamkeit und Unparteylichkeit durchgehe, und sich bey den citirten Stellen nur länger und aufmerksamer, als bey mancher andern, verweile. Von dem Leser konnte ich erwarten, daß er auf diese Weise finden würde, was ich fand; von Hrn. H. hätte ich zugleich erwarten müssen, daß er es finden wolle. Nein, mein Herr, so lächerlich sind meine Erwartungen nicht.

42

Ich stelle siebzehn Sätze auf, und sage: „So
„und in dieser Ordnung muß H. H. gedacht ha-
„ben, oder er hat nichts gedacht. Ich lasse ihm
„die Alternative; er mag das zweyte wählen,
„und nichts gesagt haben, wenn es ihm zuträg-
„licher scheint” *). Gut, mein Herr! und ich wie-
derhohle es. Sie wählen: entweder, oder;
das eine, oder das andere. Sie verwerfen das
Ganze, oder geben es zu. Sie verwerfen jeden
einzelnen Satz, oder geben ihn zu, unbedingt oder
mit Einschränkungen, wie Sie wollen; ich bin
mit allem zufrieden. Der Streitpunct wenigstens ist dadurch festgesetzt; und das ist schon
viel. Ich weiß, woran ich mich zu halten habe;
ich weiß, was ich angreifen, und was ich vertheidigen muß; ich nöthige Sie, bey der Sache zu bleiben, und als ein ordentlicher Gegner zu verfahren; und das ist bey Ihnen beynahe
schon alles.

Bildet sich H. H. im Ernste ein, daß ich die
siebzehn Sätze auf gut Glück hingeschrieben habe,
in der frommen Meinung, daß er sie mir werde
gelten lassen? Ich habe diese Sätze nicht etwa
ohne Plan und Überlegung aus seinen Aufsätzen
zusammen gelesen, wie wohl er es mit den
einzelnen Stellen und Ausdrücken seiner Gegner
zu machen pflegt, die er willkürlich aus dem Zusammenhange reißt, und dann seinen Grillen, so

*) Österr. Monathsschrift Junius S. 297.

gut er kann, anpaßt. Ich habe sie gefol-
gert, so genau und so strenge, als man etwas
folgern kann *). Die Behauptungen und Grund-
fäze, auf die er überall zurück kommt, zu denen
er sich so laut bekennet, mit denen er auch jezt
noch so groß thut, führen nothwendig zu den
Prämissen und Postulaten, wovon er jezt
nicht das geringste wissen, die er jezt durchaus
nicht gedacht haben will. Wenn er das, wozu er
sich bekennt, ohne das, was auf das innigste
damit zusammen hängt, gesagt haben will, so
hat er in der That gar nichts gesagt; und
das ist es eben, was ich behaupte.

Es ist nicht unwahrscheinlich, daß H. H.
das System, welches ich das seinige nenne, selbst
noch nie in der Bestimmtheit und Deutlichkeit
vor den Augen gehabt habe, worin er es jezt in
meiner Darstellung erblickt. Ich habe keine ge-
gründete Ursache, seiner Gedankenfolge einen be-
sondern Grad von Klarheit und Präcision zuzu-

*) Ich ersuche den H. H. dieß nicht so anzusehen, als ob ich
mich zu den lächerlichen Schlüssen bekennte, die er bey dieser
Gelegenheit selbst macht, und, ich weiß nicht auf was für eine
geheime Nachricht, sich die Freyheit nimmt, mir unterzuschieben.
Wenn es gleich bey ihm schon länger her seyn mag, daß er
in die Schule ging, um die Logik zu lernen, als bey mir; so
ist es doch, und vielleicht eben deswegen, leicht möglich, daß ich
etwas mehr davon behalten habe, als er. Ich habe meinen
Reimarus so ziemlich inne; und so jämmerliche Schlüsse, als er
mich mit Hülfe seiner Logik machen läßt, erinnere ich mich in
meinem Leben nicht gemacht zu haben, selbst ehe ich noch das
Wort Logik verstand.

trauen. Die wilden Discurse, deren er sich
jeden Monath mit so vieler Fruchtbarkeit ent=
ledigt, sind gewöhnlich so leer an klaren Vorstel=
lungen, daß man sich alle Mühe geben muß, um
auch nur einen einzigen haltbaren Gedanken her=
aus zu bringen. Man hat seine rechte Noth mit
diesem Schriftsteller. Erst hat man die Plage, sein
ungenießbares Geschreibe zu lesen; dann muß
man alles aufbiethen, um es zu verstehen, oder
vielmehr um ihm ein wenig Verstand mitzuthei=
len; dann muß man sich mit ihm zanken, ob
es auch der rechte Verstand ist; und endlich kommt
es, so Gott will, dazu, daß man von dem, was
er dafür gelten läßt, sein Urtheil sagen kann.

Ich gestehe, daß ich es ziemlich müde bin, mich
mit einem solchen Schriftsteller herum zu balgen.
Es zeigt sich, fürchte ich, von Tag zu Tage mehr,
daß ich mir das unlustige Geschäft aufgeladen
habe, einen Mohren weiß zu waschen. Ich habe
mich auch erklärt, daß ich geneigt sey, eine Strei=
tigkeit abzubrechen, die leicht in Weitläufigkei=
ten ausarten könnte, wozu jetzt nicht der Zeit=
punct ist; und dieß um so mehr, wenn der Geg=
ner ein Mann ist, der gar kein Maß und Ziel
kennt, der durchaus von den ungestümsten Lei=
denschaften regiert wird, und nichts unversucht
läßt, was im Stande ist, allmählig den Geist
der Parteyen zu wecken, und eine Art von öffent=
licher Trennung zu verursachen. H. H. hätte es
mit den siebzehn Sätzen halten können, wie er

es bis jetzt mit allem gehalten hat, was ich wi=
der ihn schrieb, das heißt: er hätte unter der Hand
das Seinige thun können, um diese Säße und
ihren Verfasser in Mißcredit zu bringen; er hät=
te sie in ein Paar Dußend beyläufigen Anmerkun=
gen und Ausfällen für falsch, für erdichtet, für
lügenhaft, und ihren Verfasser für was er sonst
wollte, erklären können. Sein Publicum wäre
damit zufrieden gewesen, der unparteyische
Leser hätte Gelegenheit gehabt, der Wahrheit durch
eine nähere Untersuchung selbst auf die Spur zu
kommen, und ich würde es, wie so manches ande=
re, hingehen, ich würde es dabey haben bewen=
den lassen.

Dieß war es auch in der That, was ich von
der Klugheit des Hrn. H. erwartete; allein sei=
ne unüberlegte Hiße hat alles verdorben. Er legt
einen Beweis ab, daß er sogar die einzige Eigen=
schaft nicht besißet, die ich ihm bisher noch zuge=
trauet habe: nähmlich, einen gewissen Grad von
Schlauheit und ein instinctartiges Gefühl von
der Schwäche seiner Sache. Dieser Schriftsteller,
der sich bis jetzt so weislich hinter seine Bollwer=
ke gesteckt hat, läßt sich nun, ich weiß nicht von
was für einem Anschein, verführen, zu glauben,
daß das Feld geräumet sey, und mit vieler Uner=
schrockenheit aus seinen Verschanzungen hervor zu
treten. Er thut einen Angriff auf mich, der mir
die Waffen aufs Neue in die Hand zwingt. Er
hat sich, wie er es heißt, herbey gelas=

fen, mich ordnungsmäßig zu widerlegen; ich
werde mich nun auch herbey laſſen müſſen, noch
ordnungsmäßiger zu zeigen, daß er mich nicht
widerlegt hat. Es reizt und treibt ihn etwas, das
ihm keine Ruhe läßt, und von dem ich beſorge,
daß es nicht ſein guter Genius iſt. Er fordert
mich heraus; er will überwieſen ſeyn, er will
Erläuterungen, er will, daß ich alles heraus ſage, was ich gegen ihn auf dem Herzen habe. Gut, M. H., Sie ſollen ihren Willen haben.
Ich kündige hiermit eine ausführliche Schrift an,
die unter dem Titel: Anti-Hofſtätter erſchei-
nen ſoll, ſo bald wir eine gewiſſe Sache werden
beygelegt haben.

Sie ſollen ihren Willen haben, mein Herr!
aber nur unter Einer Bedingung. Unter der Bedingung, daß Sie erſt wieder einiger Maßen der
Mann geworden ſind, mit dem ich mich, ohne zu
erröthen, auf eine ehrliche Fehde einlaſſen kann.
Ich verlange, daß Sie in ihrem nächſten Hefte ausdrücklich und mit einem förm-
lichen Widerrufe erklären, daß die boshafte Auslegung, die Sie von meinen Worten in den zwey angeführten Stellen gemacht haben, durchaus falſch und ungegründet
iſt, und daß Sie damit die unbeſonnene
Beleidigung öffentlich geſtehen, die Sie mir
öffentlich angethan haben. Dieß iſt die Genugthuung, die ich fordere, und das geringſte, was
Sie mir ſchuldig ſind. Ehe Sie dieſe Bedingung

erfüllt haben, werde ich alles, was von Ihnen
kommt, mit der äußersten Verachtung, und so ansehen, als ob es gar nicht gesagt wäre. Hierauf
können Sie sich verlassen; denn ich bin fest ent-
schlossen, kein Haar breit davon abzuweichen. Ich
stelle unterdessen die Entscheidung unserer Strei-
tigkeit, wovon die Acten in allen Händen sind
oder seyn können, dem Urtheile der Unparteyischen
und Rechtschaffenen, die Sicherheit meiner Person und meines Nahmens aber, die Sie auf die
nichtswürdigste Art angetastet haben, den Gesetzen anheim, deren Schutz ich in Anspruch
nehme.

Nun, mein Herr! der Sie sich die Miene geben zu überlegen, ob ich auch gut genug sey, ihr
Gegner zu heißen, wie ist Ihnen bey dieser Erklärung zu Muthe? Sie haben mit einer Aufge-
blasenheit, die Sie in den Augen aller Welt lächerlich macht, wider ihren Gegner protestirt; er
protestirt nun gegen Sie. Nicht der Schriftsteller,
der ehrliche Mann ist es, der einen Gegner ihrer
Art von der Hand weiset. Ich werde, wenn Sie
es anders erst um mich verdienen, in dem Ver-
folge der Blätter, die ich für Sie bestimmt habe, Gelegenheit finden, den Werth des Schriftstellers aus einander zu setzen; für jetzt habe ich
es nur mit dem Charakter des Mannes und mit
der Rettung des meinigen zu thun.

Nur so viel sey mir vorläufig noch zu sagen

erlaubt, daß unter alle dem, was ich von Hrn.
Hofstätter kenne, nichts ist, was ihn im geringsten zu dem Tone und zu dem abgeschmackten Stol-
ze berechtigte, womit er seine Gegner behandeln
zu dürfen glaubt; daß die einzige leidliche Schrift,
deren Verfasser er ist, mit den Gegenständen,
worüber wir im Streite sind, so wenig gemein
hat, als die Kunst, Besen zu binden, mit der
Kriegskunst; daß in dem ganzen Magazine kein
einziger Aufsatz philosophischen, politischen oder
historischen Inhaltes anzutreffen ist, den nicht der
nächste beste Student, mit Hülfe seiner Compen-
dien und einiger Wörterbücher, eben so gut und
besser hätte schreiben können; daß der ganze Um-
fang von Kenntnissen und Fähigkeiten, von Be-
obachtungsgeist, Einsicht und Darstellungsgabe,
den die Verfasser des Magazins in dieser Schrift
an den Tag legen, durchaus nicht von der Art
und dem Gewichte ist, um auch nur den mittel-
mäßigsten Gegner schüchtern oder auf sich selbst
mißtrauisch zu machen; daß von jedem Hundert
unterrichteter und unparteyischer Leser, denen ihr
Magazin in die Hände gerathen möchte, zuverlässig immer neun und neunzig und Einer völlig
so von der Sache urtheilen werden, als ich; und
daß daher alle ihre hohen Ansprüche und alle die
schönen Complimente, die sie sich unter einander
machen, oder auch von irgend einem lichtscheuen
Scribler machen lassen, durchaus so erbärmlich
und belachenswerth sind, als nur etwas belachenswerth seyn kann.

Dieses Urtheil gehört zu den Assertionen, de=
ren weitere Ausführung ich dem Hrn. H. bis zur
Erfüllung der bewußten Bedingung schuldig blei=
be, und womit er es bis dahin halten kann, wie
er will. Er wirft mir vor, daß ich nichts ge=
schrieben, und daß ich mir keinen Nahmen in
der Litteratur gemacht habe. Ich antworte ihm,
daß er nichts gutes geschrieben, und daß er
sich einen schlechten Nahmen in der gelehrten
Welt gemacht hat. Worin besteht nun der Vor=
zug, dessen er sich als Schriftsteller über mich an=
maßt? In etwas weniger als nichts. Quilibet
praesumitur bonus. Ich habe wenigstens die
Präsumtion für mich; er hat sie längst schon ein=
gebüßt. Was ich nicht gezeiget habe, läßt sich
wenigstens erwarten, daß ich es noch zeigen wer=
de. Was will er, das man von ihm noch erwar=
ten soll?

Hiernach habe ich dem Hrn. Hofstätter weiter
nichts mehr zu sagen, als daß ich ihn—unter der
Voraussetzung, daß er mir erst die Genugthuung
leiste, die ich verlange, und ohne welche ich gar
nichts mehr der mindesten Betrachtung würdigen
werde, was er sonst noch wider mich aussinnen
und unternehmen, reden, schreiben oder drucken
lassen möchte—als daß ich ihn noch ein Mahl
ernstlich ermahne, sich künftig eines anständigeren
und männlicheren Betragens zu befleißigen, und mich
mit den läppischen Possen und Einfällen, die nicht
zur Sache gehören, eben so wohl, als mit den

D

injurirenden Deutungen und Angriffen zu ver-
schonen, womit er seine Gegenschriften so reich-
lich auszuzieren pflegt. Denn ich erkläre ein für
alle Mahl, daß ich in Zukunft das Erste nie anders als mit dem bittersten Spotte, und das
Zweyte nicht anders als mit einer ernsthaften
Klage vor Gericht beantworten werde.

Wien, den 28. Jul. 1794.

Schreyvogel.